Collection Kellystoire

AF698364

Texte : Eric Bilodeau et Isabelle Levesque
Illustrations : Gabriel Coupal-Savard
Coloration : Yuri Martell

Un Câlingouin et une piqure pour Benjamin

ÉdiLigne
Les éditions ÉdiLigne inc.

Aujourd'hui, c'est une journée spéciale...
C'est le jour de mon **vaccin**!

Le docteur Câlingouin va me faire une petite piqure et immédiatement après, je vais pouvoir remplir mon câlindrier...

Quoi?... Tu ne connais pas le célèbre docteur Câlingouin?... Tu sais, c'est le maringouin qui est devenu

grand et fort

grâce à une histoire de brocoli!

En attendant mon tour,
je vais te raconter son histoire...

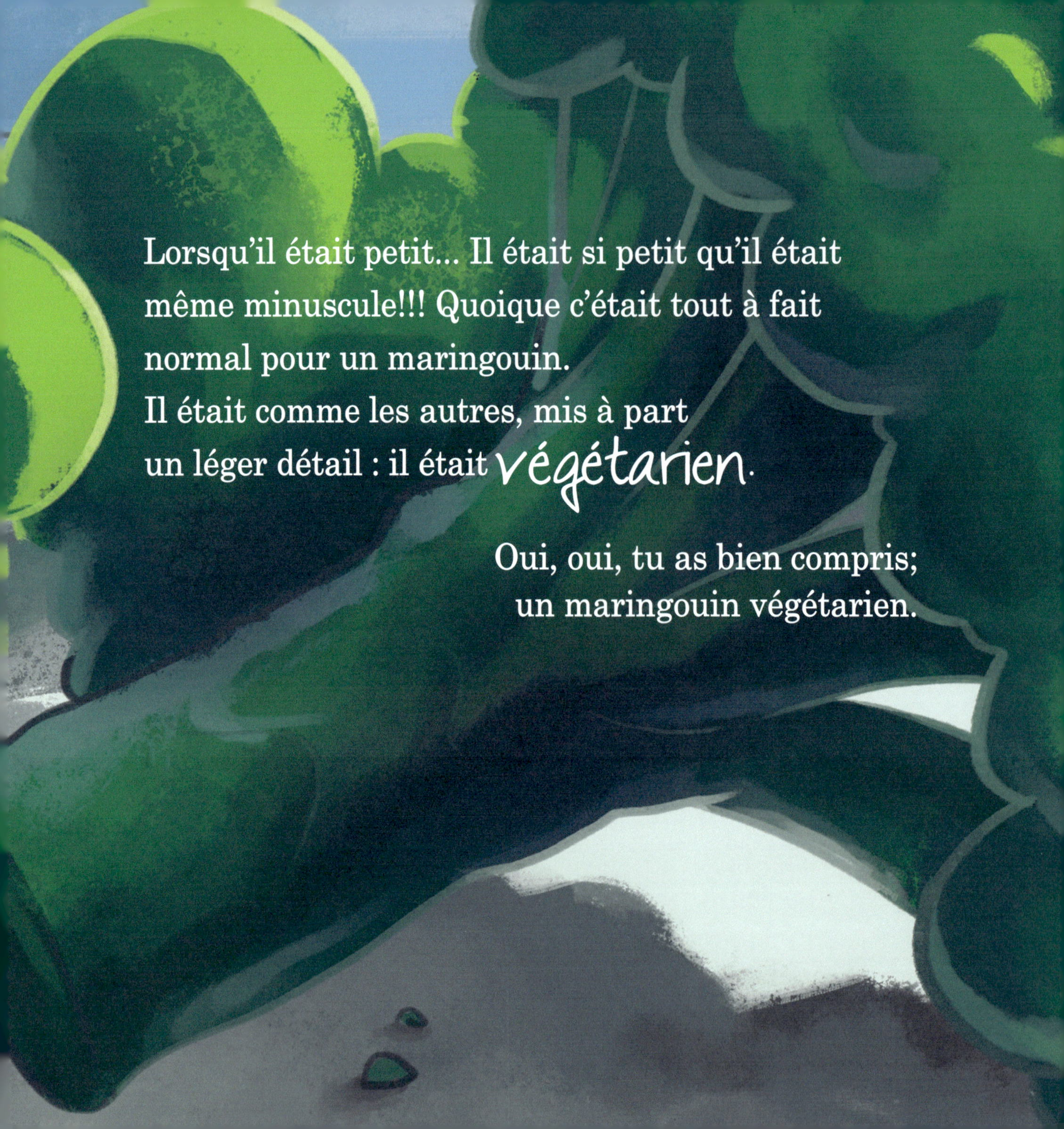

Lorsqu'il était petit... Il était si petit qu'il était même minuscule!!! Quoique c'était tout à fait normal pour un maringouin.
Il était comme les autres, mis à part un léger détail : il était végétarien.

Oui, oui, tu as bien compris;
un maringouin végétarien.

D'ailleurs, personne n'avait jamais vu
son dard piquant et crochu
ailleurs que dans un légume
ou un fruit dodu.

Surtout le brocoli,
c'était son mets favori.

À l'école primaire Vire et Vol,
ses compagnons de classe riaient de lui.
En effet, au lieu de faire une habituelle piqure
comme les autres, il préférait donner des câlins!

Évidemment, lorsqu'on est un
maringouin et qu'on se pose sur le
bras d'un humain,
il est facile de
deviner ce qui
peut se passer...

C'est la première chose qu'on apprend à l'école :

*Un **maringouin***
*sur la peau d'un **humain***
*n'a pas de **lendemain**!*

Malgré le danger, il continuait à câliner...
« Jamais vous ne me verrez piquer un humain », disait-il à ses petits compagnons pas très gentils avec lui.

Voilà pourquoi on le surnomma
Câlingouin.

Après quelques années à manger
ce bon légume vert, il se mit à grandir
beaucoup plus rapidement que les autres.
Plusieurs journées, plusieurs mois et
plusieurs années ont passé...
Câlingouin avait maintenant terminé son
secondaire au Gré du Vent.
Il était temps, puisqu'il était devenu un géant!

Notre grand Câlingouin
était tellement convaincu
que sa place était à
faire le bien
auprès des humains,
qu'il décida de poursuivre
son chemin à l'école… des **médecins**.

Il est devenu un très bon docteur.
Il peut enfin piquer à sa façon,
sans craindre
de se faire chasser!

Il donne des **vaccins!**

« Attention. Attention! Benjamin est demandé auprès du docteur Câlingouin pour son **vaccin** *»*

Je dois te laisser,
c'est mon tour.
Quand je vais sortir,
je vais te montrer mon
image à coller,
d'accord?

Quelques minutes plus tard...

Voilà, c'est fait!
Je suis officiellement un
membre du club câlin.

Toi aussi, tu peux faire de bonnes actions si tu le veux. Regarde bien dans ton livre... et n'oublie surtout pas... de donner des câlins!

club

«Câlindrier» des **bonnes actions** !

Vas-y! Toi aussi, tu peux faire des bonnes actions...
Lorsque ce sera fait, découpe et colle tes images dans ton «Câlindrier»

Appelle ta mamie ou ton papi pour lui dire que tu l'aimes.

Fais à manger avec papa.

Mange bien tes fruits et légumes. Surtout tes brocolis!

Fais des câlins à ton chat ou à ton chien.

Bravo pour ton vaccin!

Trouve une belle qualité pour chacun de tes amis.

Habille-toi seul.

Fais un dessin à ta cousine ou à ton cousin.

Trouve un service à rendre à maman.

Collection Kellystoire

Un Câlingouin et le caca du Cacatoès

Un Câlingouin et les allergies de Pitchoum

EdiLigne

Les éditions ÉdiLigne Inc.
www.EdiLigne.ca

Catalogage avant publication
de Bibliothèque et Archives nationales du Québec
et Bibliothèque et Archives Canada

Bilodeau, Eric, 1976-
Câlingouin : piqure pour Benjamin
Nouvelle édition.
Pour enfants de 3 ans et plus.
ISBN version souple: 978-2-924016-57-2
ISBN version rigide: 978-2-924016-64-0
1. Enfants - Vaccination - Ouvrages pour la jeunesse.
I. Levesque, Isabelle, 1976- . II. Martell, Yuri, 1993- .
III. Coupal-Savard, Gabriel, 1995- . IV. Titre.
V. Titre : Piqure pour benjamin
RJ240.B54 2016 j614.4'7083 C2016-941456-6

Dépôt légal - Bibliothèque et Archives nationales du Québec, 2016
Dépôt légal - Bibliothèque et Archives Canada, 2016

Certificat d'inscription des droits d'auteur de l'OIPC no 1129249
Émission: 16 mars 2016

Illustrations : Gabriel Coupal-Savard
Coloration : Yuri Martell
Correction : Hélène Belzile et Fidjie Martel

Tous droits réservés. Toute reproduction en tout ou en partie est strictement interdite sans l'autorisation écrite de l'éditeur, sauf dans le cas d'une critique littéraire.

Imprimé au Québec, Canada par: ImpriMedia

Nous désirons remercier Vegkiss pour son soutien et ses bons brocolis

Made in the USA
Monee, IL
10 September 2026

62771009R00017